EL HOLOCAUSTO

La solución final a la cuestión judía

Por Christel Lamboley

Traducido por Marina Martín Serra

Historia en50MINUTOS.es

EL HOLOCAUSTO

- **¿Cuándo?** Entre 1941 y 1945.
- **¿Dónde?** En Alemania y en los países sometidos a su autoridad.
- **¿Contexto?** El Tercer Reich (1933-1945) y la Segunda Guerra Mundial (1939-1945).
- **¿Principales protagonistas?**
  - Adolf Hitler, estadista alemán, proclamado Führer en 1934 (1889-1945).
  - Heinrich Himmler, alto dignatario del Tercer Reich, jefe de las SS, ministro del Interior y comandante en jefe del Ejército de Tierra (1900-1945).
  - Reinhard Heydrich, general de las SS, director de la Oficina Central de Seguridad del Reich (RSHA, por sus siglas en alemán) y protector adjunto de Bohemia y Moravia (1904-1942).
- **¿Balance?** Casi seis millones de judíos murieron durante el Holocausto.
- **¿Repercusiones?**
  - La destrucción del corazón del judaísmo en Europa del Este.
  - El exilio de miles de refugiados al final de la guerra, que huyen de Europa del Este para ir a Palestina o a los Estados Unidos.
  - La creación del concepto de crimen contra la humanidad a manos del Tribunal Militar Internacional (TMI), encargado de juzgar a los criminales de guerra nazis en 1946, así como la elaboración de un derecho internacional relativo a esas violaciones de los derechos

fundamentales.

- ◦ La implementación, en Europa, de políticas de la memoria y de leyes que sancionan el racismo, el antisemitismo y la negación de los crímenes contra la humanidad.

El Holocausto, un episodio trágico de la historia europea del siglo XX, designa la persecución y el exterminio sistemático de los judíos de Europa organizada por los nazis —que ostentan el poder en Alemania desde 1933— y por sus colaboradores durante la Segunda Guerra Mundial.

Los nazis, que son profundamente antisemitas, consideran que la comunidad alemana posee una raza pura y superior a las demás. Para conservar esta pureza, sugieren a sus adeptos que se deshagan de los elementos inferiores que la amenazan. Así, a partir de 1939, el régimen nacionalsocialista lleva a cabo una masacre sistemática y sin concesiones de millones de judíos, pero también de eslavos (polacos y rusos), de gitanos, de discapacitados mentales, de testigos de Jehová, de homosexuales y, finalmente, de todos aquellos que se oponen al programa político del Führer.

Al final de la guerra, el balance de las víctimas judías del Holocausto es extremadamente trágico: se tiene constancia de cerca de seis millones de muertes, lo que representa más de un tercio de la población judía mundial. Con ellos, desaparece del continente el corazón del judaísmo. El horror tiene una magnitud tan importante que, durante los años posteriores a la guerra, se hace todo lo posible para olvidar lo ocurrido. El Holocausto no se redescubrirá hasta los años sesenta y, desde entonces, ha sido y sigue siendo objeto de muchos estudios para que no vuelva a repetirse algo así.

CONTEXTO

LA PERMANENCIA DEL ANTIJUDAÍSMO EN EUROPA

El genocidio judío, aunque procede de la ideología racista defendida por el Tercer Reich, se enmarca en un proceso mucho más antiguo que tiene sus raíces en el reinado de Constantino (entre los años 270 y 288-337). Este emperador, al instaurar el cristianismo como religión oficial del Imperio romano, marca el inicio de la persecución de los judíos. Sin embargo, habrá que esperar varios cientos de años y, más en concreto, a la primera cruzada (1096-1099), para que los judíos sean víctimas de graves abusos.

En el siglo XII, los judíos son considerados culpables colectivos, entre otras cosas, de conspiración con el diablo. Son obligados a vivir en guetos, y el Cuarto Concilio de Letrán (1215) les impone el porte de un signo distintivo, la rodela, una pieza de tela circular. La hostilidad del pueblo hacia ellos es tal que ya solamente se les deja ejercer profesiones que en esa época son consideradas humillantes, como el comercio, el empeño y la usura. La situación es aún más tensa en Alemania, donde la tradición antijudía es alimentada por las palabras del reformador Martín Lutero (1483-1546), que en el siglo XVI declara que el «judío es una mancha de la que es preciso purificarse» (Bensoussan 2005, 18). Poco a poco, los judíos abandonan Europa occidental para viajar al este del continente.

A partir del siglo XVIII, las ideas de la Ilustración les permiten emanciparse de forma progresiva. Con la Revolución francesa (1789) aparece efectivamente la idea de que «los seres humanos nacen libres e iguales en dignidad y derechos» (artículo 1 de la Declaración Universal de Derechos Humanos). Los estados alemanes reconocen esta noción en 1848, y el Segundo Reich permite la emancipación completa de los judíos en 1871. Esto se traduce en un crecimiento de las comunidades judías, especialmente en Alemania, donde pasa de tener 260 000 miembros a principios del siglo XIX a 460 000 en 1871. Además, los judíos ahora pueden ocupar cargos de responsabilidad. Sin embargo, este ascenso social refuerza para algunos el prejuicio del judío usurero y corruptor, atraído por el dinero y vinculado con los bancos, recuperado entre otros por el filósofo alemán Karl Marx (1818-1883). Así, nace el antisemitismo que establece el postulado de un control judío del mundo y transforma el judaísmo en una raza.

EL ANTISEMITISMO Y EL DARWINISMO SOCIAL

En el siglo XIX, el auge de los nacionalismos refuerza el sentimiento de desconfianza hacia los judíos, que son considerados culpables de la decadencia de la sociedad. En Alemania, esta situación es ensalzada por el imperialismo y el pangermanismo, basados en una concepción de la nación surgida de la raza, de la sangre y de la tierra. Prusia pierde la mitad de su territorio tras la derrota de Jena (14 de octubre de 1806), que representa un verdadero trauma para la Ilustración alemana y provoca el fortalecimiento de la corriente antiliberal y el surgimiento entre las élites de la idea de que el pueblo alemán tendría que cumplir la misión de regenerar la humanidad.

A finales del siglo XIX surge en territorio alemán el movimiento völkisch, que afirma la superioridad de la raza aria frente a los pueblos considerados inferiores, al tiempo que contribuye a la propagación del antisemitismo. Estas ideas penetran en la sociedad y actúan creando un vínculo nacional, mientras encarnan el rechazo de la modernidad, de la industria y de la urbanización.

El antisemitismo europeo pretende legitimar su ideología mediante observaciones científicas, por lo que se basa en las teorías de varios investigadores, entre los que destaca Charles Darwin (1809-1882). Varios filósofos y sociólogos retomaron sus investigaciones y las aplicaron de forma abusiva a las ciencias humanas; de este modo, nació el darwinismo social, que argumenta que las diferentes razas humanas libran una lucha perpetua para seguir existiendo. El concepto, tomado al pie de la letra por los movimientos extremistas, se ve reforzado por varias obras que afirman la superioridad de la raza nórdico-germánica sobre la raza judía. Así, en 1881 Karl Eugen Dühring (filósofo y economista alemán, 1833-1921) hace un llamamiento a la expulsión de los judíos del territorio alemán en su libro *La cuestión judía como una cuestión de razas, de costumbres y de cultura*. Wilhelm Marr (periodista alemán, 1817-1904) describe, a su vez, el debilitamiento del pueblo germánico a manos de los judíos, y llama a un levantamiento popular en su libro *La victoria del judaísmo sobre el germanismo*.

A finales del siglo XIX este antisemitismo ideológico se

extiende por toda Europa e incluso en América del Norte, acompañado de una lógica eugenésica que tiene una gran influencia en las teorías científicas de la época. Esta ideología socava los valores y fundamentos de la Ilustración, ya que cuestiona la propia humanidad de un segmento de la población.

UNA ALEMANIA AFLIGIDA POR LA PRIMERA GUERRA MUNDIAL

Alemania vive como una auténtica traición el Armisticio del 11 de noviembre de 1918 y el desmantelamiento del imperio. Para muchos, parece imposible que las autoridades políticas y militares alemanas sean responsables de la derrota. Rápidamente, los judíos son acusados de ser los verdaderos causantes de la derrota, especialmente porque inmediatamente después de la guerra Alemania es inestable y se ve amenazada por una revolución comunista. En ese momento, se asocian los conceptos de judaísmo, comunismo y revolución. Asimismo, en un país sin tradición democrática, la República parlamentaria de Weimar —proclamada el 9 de noviembre de 1918— no es popular. Proliferan las teorías del complot y de la traición, así como múltiples sociedades secretas y grupúsculos de extrema derecha.

En este contexto de violencia política, el nacionalismo y el antisemitismo —que resultan de los temores y de las frustraciones de la posguerra— experimentan un crecimiento significativo y son alimentados por discursos propagandísticos. En 1919 se crea el Partido Obrero Alemán, un grupúsculo ultranacionalista al que Hitler se afiliará y convertirá un año más tarde en el Partido Nacionalsocialista Obrero Alemán (NSDAP). A pesar de su intento de tomar el poder durante el golpe de Estado de Múnich en noviembre de 1923, el NSDAP sigue siendo un partido bastante desconocido hasta la llegada de la crisis económica, que sacude el mundo a principios de los años treinta.

A partir del comienzo de esta década, la crisis económica iniciada en los Estados Unidos en 1929 se propaga por Europa. El desempleo aumenta y la población se empobrece. Hitler se aprovecha de este contexto y de los débiles cimientos democráticos de la sociedad alemana para hacer aflorar su ideología antisemita, antidemocrática, antimarxista, nacionalista y pangermánica. A través de ella, recupera la imagen tradicional del judío como chivo expiatorio y la adapta al contexto para hacerlo culpable de todos los males que afectan a Alemania.

En abril de 1932, durante las elecciones presidenciales, Hitler obtiene 11,3 millones de votos y, durante las elecciones legislativas de julio de 1932, el NSDAP obtiene el 37,4 % de los votos. Con el respaldo de una parte del pueblo alemán, el 30 de enero de 1933 el presidente Hindenburg (1847-1934) lo nombra canciller. En marzo del mismo año el Reichstag le otorga plenos poderes, y rápidamente Hitler convierte Alemania en una dictadura. Las administraciones, la policía y la justicia son nazificadas; la sociedad es controlada mediante el adoctrinamiento y la propaganda; se depura la enseñanza y la cultura se pone al servicio del régimen. Los nazis imponen rápidamente un clima de terror, y el primer campo de concentración se abre en Dachau a finales de mes. Mientras se ponen en marcha los preparativos para la guerra, se construyen otros campos sin dilación.

LA IDEOLOGÍA HITLERIANA

Para tratar la cuestión del Holocausto, es necesario analizar primero la ideología de Hitler de forma más detallada.

Adolf Hitler se vuelve antisemita durante su juventud en Viena a finales de la década de 1900. Cuando termina la Primera Guerra Mundial, se convence de que existe un problema judío y de que lo tiene que solucionar un Estado alemán fuerte. La ideología que sigue se basa en la idea de que los pueblos son desiguales. En la cima de su jerarquía de las razas se encuentran los alemanes y los pueblos nórdicos y, debajo del todo, los judíos y los eslavos. Hitler, recurriendo a una ciencia racista e inspirándose en el darwinismo social, concibe el mestizaje como un peligro. Por consiguiente, desea emprender una política de higiene racial para desarrollar una raza alemana pura que estaría protegida de la suciedad de los *Untermenschen* (los «subhombres»): los judíos, los eslavos, los gitanos y los discapacitados. Asimismo, los nazis persiguen a todos aquellos a los que consideran asociales: los vagabundos, los marginados, los alcohólicos, los toxicómanos, las prostitutas, etc.

Los discursos de Hitler y la propaganda nazi utilizan mucho vocabulario relacionado con la noción de enfermedad. «Parásitos», «peste» y «epidemia» son términos que utilizan para calificar a los judíos y sus efectos en la sociedad. Así pues, la doctrina nazi transmite la imagen del cuerpo ario como ideal, viril, determinado y atlético, opuesto al organismo enfermo del judío. En 1942, el Führer le habría dicho estas palabras a Himmler:

> «La batalla en la que estamos comprometidos hoy es como la que libraron Pasteur [biólogo francés conocido por haber descubierto la primera vacuna contra la rabia, 1822-1895] y Koch [médico alemán que identificó el bacilo de la tuberculosis, 1843-1910] el siglo pasado. Cuántas enfermedades tienen su origen en el virus judío... Solo recuperaremos nuestra salud eliminando al judío» (Castro Orellana 2008, 329).

Basándose en la teoría de Darwin, Hitler concibe el mundo como una lucha a muerte en la que las razas se enfrentan para sobrevivir y para conquistar un espacio vital. Al final del combate, uno de los dos adversarios tiene que ser aniquilado. Así pues, el Estado hitleriano es por naturaleza un Estado racista basado en la violencia. Hitler defiende un antisemitismo por conveniencia y una política de exclusión para que todos los judíos sean excluidos de la sociedad. Los dirigentes del partido que lo rodean expresan el mismo odio obsesivo y también desean convertir el antisemitismo en la base de la ideología nazi. Así, en 1937 Hitler afirma que «el principal objetivo de [su] política no es otro que asegurar y preservar la comunidad racial, para aumentar la población del Reich» (Hernández Guarch 2014, cap. 78).

UNA CUESTIÓN QUE DIVIDE A LOS HISTORIADORES

Los historiadores del Holocausto están divididos en lo que se refiere a la cuestión de un exterminio programado desde el momento en que los nazis toman el poder. Mientras que las escuelas intencionalistas defienden esta hipótesis, los funcionalistas consideran que lo que condujo hacia el genocidio fueron las circunstancias. Sea como fuere, la ideología hitleriana, con su visión radical del mundo y con su lógica de negación de la humanidad de algunos pueblos, contiene una potencialidad homicida real.

ACTORES PRINCIPALES

ADOLF HITLER, ESTADISTA ALEMÁN

Adolf Hitler nace en 1889 en Austria, cerca de la frontera bávara. Con 16 años, abandona sus estudios y, un año después, decide ir a Viena para entrar en la Academia de Bellas Artes. Sin embargo, su candidatura es rechazada y, sin dinero, lleva una vida marginal y ociosa. En esa época recibe la influencia de los discursos antisemitas, transmitidos por revistas racistas y por políticos influyentes.

En 1913 se instala en Múnich, y durante la Primera Guerra Mundial combate en el ejército bávaro. La derrota alemana en la guerra y la posterior proclamación de la República de Weimar le provocan una profunda decepción, tras la cual considera responsables a los judíos de la decadencia de Alemania. En 1919, se afilia al Partido Obrero Alemán (DAP, por sus siglas en alemán), un grupúsculo ultranacionalista que transforma en el Partido Nacionalsocialista Obrero Alemán en febrero de 1920. Su popularidad aumenta gracias a sus dotes de orador y, en dos años, el NSDAP reúne a 55 000 militantes.

El 9 de noviembre de 1923, Hitler intenta tomar el poder por la fuerza durante el golpe de Estado de Múnich, que acaba fracasando: 16 de sus partidarios son asesinados y el propio Hitler es detenido y condenado a cinco años de cárcel en la fortaleza de Landsberg. Sin embargo, es puesto en libertad tras nueve meses de cautiverio, durante el que escribe *Mein Kampf* (*Mi lucha*), una obra en la que presenta la ideología nacionalsocialista. A pesar de su golpe de Estado fallido, Hitler todavía quiere acceder al poder, pero decide hacerlo por la vía legal. Al salir de la cárcel, reorganiza el NSDAP y establece el culto al líder, que se desarrolla a través de rituales, del saludo hitleriano y del respeto de la jerarquía.

En 1929, el desempleo no deja de aumentar y el país siente con nostalgia la necesidad de un régimen fuerte que pueda resolver esta crisis. Esto era lo que necesitaba el partido de Hitler, que se beneficiará del contexto de crisis que impera. Durante las elecciones legislativas de julio de 1932, el NSDAP se convierte en el primer partido de Alemania y, apoyándose sobre este éxito, Hitler reclama la Cancillería. Aunque Hindenburg se muestra reticente a concedérsela, lo acaba haciendo el 30 de enero de 1933. En un primer momento, los conservadores pensaban que podrían mantenerlo bajo control, pero finalmente no son capaces de frenar la instauración del régimen dictatorial. El 23 de marzo, Hitler aprueba una ley que le otorga plenos poderes durante cuatro años: así, su dictadura se legaliza. Inmediatamente después, se produce la disolución de los sindicatos y los partidos políticos hasta que solo queda el NSDAP, que pasa a ser el partido único.

Desfile de las tropas SA ante Hitler, 1935.

Durante los años subsiguientes, el Führer pone en práctica las ideas anunciadas en *Mein Kampf*. Adopta medidas antisemitas, favorece una política anticomunista, emprende el rearme de Alemania y prepara su política de conquista del espacio vital. Al tiempo que proclama sus intenciones pacíficas por doquier, restablece el servicio militar obligatorio el 16 de marzo de 1935. En septiembre de 1938, ocupa Renania y Austria, y Francia y el Reino Unido aceptan su anexión.

El 30 de enero de 1939, durante un discurso en el Reichstag, Hitler profetiza la aniquilación de la raza judía en Europa en caso de guerra. El 1 de septiembre de 1939, Alemania invade Polonia, y con el estallido de la guerra Hitler se ve incitado a llevar la persecución antisemita hacia una lógica genocida. Para lograr este propósito, se moviliza por completo la burocracia y la tecnología alemana.

Aunque al inicio del conflicto Hitler gana muchas batallas, a partir de 1943 la suerte del ejército alemán cambia: es derrotado en Stalingrado y en el norte de África. La situación del Führer no es mejor, ya que físicamente está muy débil a causa de la enfermedad y del abuso de los medicamentos. Al darse cuenta de su debilidad, algunos de sus oficiales tratan de asesinarlo, pero no lo conseguirán. Finalmente, el 30 de abril de 1945, durante la toma de Berlín a manos de los Aliados, Hitler se suicida en su búnker.

HEINRICH HIMMLER, JEFE DE LAS SS Y MINISTRO DEL INTERIOR DEL TERCER REICH

Heinrich Himmler nace en Múnich en 1900, en el seno de una familia burguesa nacionalista y conservadora. En 1914 quiere alistarse en la Marina, pero se le deniega el acceso al cuerpo a causa de su corta edad. Tres años después, se incorpora al 11.º Regimiento de Infantería bávaro y, después de la guerra, entra en un cuerpo franco bávaro. De 1920 a 1922, estudia agronomía en Múnich y, durante esta época, se afilia a una liga pangermánica. Obsesionado por la pureza de la raza germánica y fascinado por los mitos germánicos y antiguos, se opone con vehemencia al cristianismo y siente un odio visceral hacia los judíos.

En 1923, entra en el partido nazi y, tres años después, se convierte en líder de propaganda del Reich. El 6 de enero de 1929, Hitler lo nombra jefe de las SS. Bajo el impulso de Himmler, esta organización paramilitar —que inicialmente es la guardia personal de Hitler— se convierte en uno de los pilares del régimen nazi. Este, preocupado por la constitución de una raza pura, implementa en 1935 el programa eugenésico del Lebensborn («Fuente de Vida»), que permite que las mujeres de raza pura tengan hijos con los miembros de la élite racial, entre los que destacan los de las SS. Más adelante, durante la guerra, miles de niños con características físicas arias son secuestrados y arrebatados de las manos de sus padres en Noruega, Polonia y Checoslovaquia, para llevarlos a Alemania y confiarlos a familias alemanas.

En 1936, Himmler es nombrado jefe de la policía alemana en el Ministerio del Interior, y en 1938 es designado jefe supremo de todos los cuerpos de policía. Las SS crecen con los años y se convierten en un Estado dentro del Estado. Engloban una policía política (la Gestapo), un servicio de inteligencia, una Oficina de Raza y Asentamiento, un ejército al servicio de la raza (la Waffen SS) y un partido (el Allgemeine SS, las SS generales). Se convierte en responsable directo de los campos de concentración y los centros de exterminio.

Durante la guerra, Himmler es ascendido al puesto de comisario político del Reich para el fortalecimiento de la reserva étnica alemana. Desempeña un papel central en el desplazamiento de los pueblos para permitir la colonización del espacio vital alemán. Como jefe de la policía, desempeña un papel destacado en la política de persecución de los judíos. Tras la invasión de la URSS pone en marcha las operaciones de masacre de las poblaciones judías en el Este por parte de los *Einsatzgruppen* («grupos de intervención») que actúan directamente bajo sus órdenes. En julio y agosto de 1941 va al terreno para empujar a sus hombres a que se radicalicen ejecutando también a niños. Después de asistir a una ejecución por fusilamiento, ordena buscar otro método de matanza que afecte menos a sus oficiales, y finalmente se selecciona el gas para este efecto. En 1942, planea la Aktion Reinhard (Operación Reinhard), la primera gran fase de la aniquilación de los judíos en Polonia. En 1943 es nombrado ministro del Interior, lo que le permite sembrar el terror en todos los territorios ocupados. Himmler, que es un burócrata que cuida mucho los detalles, implementa el Holocausto con meticulosidad.

Foto de Himmler (a la derecha), tomada en 1943.

En 1944, cuando la guerra parece perdida, Himmler sigue ordenando las deportaciones y, a medida que se acercan los Aliados, ordena que se desmantelen las instalaciones de los campos y que se quemen los archivos para no dejar ningún rastro. Al final de la guerra, los soviéticos lo detienen y lo entregan a los británicos. Finalmente, Himmler se suicida el

23 de mayo de 1945, durante los Juicios de Núremberg.

REINHARD HEYDRICH, GENERAL DE LAS SS Y PROTECTOR ADJUNTO DE BOHEMIA Y MORAVIA

Reinhard Heydrich nace en 1904 en Sajonia, en el seno de una familia de músicos nacionalistas fiel al káiser. En 1922, entra en la Marina. Frecuenta los entornos nacionalistas y se afilia al NSDAP a principios de los años treinta. En 1931, tras ser excluido de la Marina, entra en las SS y Himmler le confía la creación de los servicios secretos. En junio de 1934, durante la Noche de los Cuchillos Largos, participa en la eliminación de las SA, una organización paramilitar del partido nazi de la que Hitler desconfiaba en ese momento. Esto le permite tomar las riendas del aparato policial del Reich, es decir, la Gestapo y la Kripo —policía que lucha contra la criminalidad—. En septiembre de 1939, ambas se fusionan para formar la Reichssicherheitshauptamt (RSHA, Oficina Central de Seguridad del Reich), que será el principal instrumento del genocidio.

En 1935, Heydrich asiste a la reunión de preparación de las Leyes de Núremberg que pretenden excluir a los judíos de la sociedad alemana. Respalda a Hermann Göring (mariscal del Reich, 1893-1946) en el proceso de confiscación de los bienes judíos. Tras la anexión de Austria, organiza la expulsión de los judíos en ese territorio y, en 1940, concibe un plan de deportación a la URSS. El 31 de julio de 1941, Göring le confirma su función de organizador de la solución final. Se ocupa de los *Einsatzgruppen,* encargados de concentrar a la población judía en guetos y de asesinarla. Junto con Hitler y Himmler, concibe las modalidades de las deportaciones entre el 22 y el 24 de septiembre de 1941. Para facilitar su coordinación, es nombrado protector adjunto de Bohemia y Moravia.

El 20 de enero de 1942, en la Conferencia de Wannsee, Heydrich alcanza un acuerdo para el exterminio inmediato de los judíos. Él es el autor del plan global de la solución final para toda Europa, por lo que se convierte en el arquitecto del genocidio que, en su honor, será rebautizado con el nombre de Aktion Reinhard tras su asesinato, el 4 de junio de 1942, durante un atentado organizado por la resistencia de Praga.

EL HOLOCAUSTO

LAS MEDIDAS DE EXCLUSIÓN Y LA VIOLENCIA ESTATAL

El proceso de aniquilación se hace mediante la adopción progresiva de una serie de medidas administrativas. En marzo de 1933, Hitler abre el primer campo de concentración en Dachau que, después de 1939, se convertirá en un campo de deportación. El 23 de marzo de 1933, cuando el Reichstag le confiere plenos poderes, este puede aplicar una política antisemita oficial y las primeras medidas de exclusión.

La primera etapa empieza el 7 de abril de 1933 y consiste en apartar a los judíos de la función pública. A continuación, se les excluye progresivamente de las profesiones intelectuales, artísticas, liberales y de los estudios universitarios. De este modo, ya no se les considera iguales al resto de personas. Esta primera fase constituye lo que el historiador Georges Bensoussan (nacido en 1952) llama la «muerte cívica de los judíos».

El 15 y el 16 de septiembre de 1935 se produce la promulgación de las Leyes de Núremberg —que tratan sobre la protección de la sangre y del honor alemanes—, llevando a otro nivel su exclusión de la sociedad alemana. Esta vez, se proclama su «muerte política». Estas leyes, aprobadas por el conjunto de la población alemana, legalizan la separación física y jurídica de los judíos del resto del pueblo, convirtiéndolos en ciudadanos de segunda. Asimismo, definen la identidad judía por sus ascendientes. Así pues, los judíos, que no pertenecen a la raza aria, no pueden obtener la nacionalidad alemana, no pueden casarse ni tampoco pueden mantener relaciones sexuales con arios, y les está prohibido contratar a empleadas domésticas alemanas que tengan menos de 45 años. Estas medidas se toman tanto para aislar a los judíos como para forzarlos a irse de Alemania. Sin embargo, este último objetivo no se alcanza, ya que hasta 1937 solo se marchan del país 25 000 judíos al año.

La tercera etapa constituye la «muerte económica» de los judíos con el comienzo de la arianización en septiembre de 1937. El decreto del 26 de abril de 1938 les obliga a declarar sus bienes y sus ingresos. Además, los propietarios son expulsados de su vivienda sin indemnización, y el 31 de diciembre de 1938 todas las empresas judías se ven obligadas a cerrar sus puertas. También se les retira el carné de conducir, y los trabajadores pierden su protección social.

Foto de un SA al lado de un cartel en el que se puede leer: «¡Alemanes! ¡Defendeos! ¡No le compréis nada a los judíos!»

A partir de 1937 se endurece la política antijudía: se dinamitan sinagogas en Múnich, Núremberg y Dortmund. Un decreto del 17 de agosto de 1938 obliga a todos los judíos a hacer constar en los documentos oficiales, al lado de su nombre, el nombre de Israel para los hombres y el de Sarah para las mujeres. Es el preludio de la estrella con la que se les marcará.

Las Leyes de Núremberg se imponen en Austria tras su anexión el 13 de marzo de 1938. La violencia contra los judíos acompaña la invasión del país: sus bienes son arianizados y sus viviendas, saqueadas. Esta anexión, que para el Reich significa un aumento de 200 000 ciudadanos judíos, provoca deportaciones hacia Polonia, organizadas por Adolf Eichmann (funcionario nazi alemán, 1906-1962).

En París, el 7 de noviembre de 1938, el asesor alemán de la embajada Ernst vom Rath (1909-1938) es asesinado por un joven judío polaco. Este atentado sirve como pretexto para el ministro de Propaganda Joseph Goebbels (1897-1945) para organizar un gigantesco pogromo durante la noche del 9 al 10 de noviembre de 1938. Este ataque, apodado la Noche de los Cristales Rotos, constituye el punto culminante de la violencia ejercida contra los comercios judíos y las sinagogas. Los líderes del partido, las organizaciones nazis, las juventudes hitlerianas y las SA saquean, incendian y destruyen más de 200 sinagogas, así como instituciones y viviendas judías. Un centenar de personas son asesinadas, y muchas otras resultan heridas. Asimismo, 11 000 hombres son enviados a Dachau y 10 000 otros al campo de Buchenwald, abierto en 1937. El pogromo también afecta Austria, donde 6500 personas son detenidas y enviadas a Dachau. Göring, en aquel entonces ministro de Economía, impone a la comunidad judía el pago al Reich de una multa de mil millones de marcos, como compensación. A Hitler no le gusta demasiado este tipo de acontecimiento ya que lo considera demasiado llamativo, pero la Noche de los Cristales Rotos alcanza su objetivo: 120 000 judíos se marchan de Alemania. El 30 de enero de 1939, ante el Reichstag, el Führer profetiza la aniquilación de la raza judía en Europa en caso de guerra.

La violencia del Estado nazi contra los judíos provoca pocas reacciones en el resto del mundo, por lo que el régimen endurece el trato que les profesa. Tras la petición de los Estados Unidos, se celebra una conferencia en Evian (Francia) para abordar la cuestión de la suerte dramática de los refugiados, pero no se toma ninguna decisión concreta. El Gobierno francés incluso declara que «Ninguno de los Estados cuestiona al gobierno alemán [...] el derecho absoluto que éste tiene de tomar con relación a determinados naturales [...] suyos medidas que son exclusivamente del orden de su soberanía» (Bensoussan 2005, 32). Suiza cierra sus fronteras, mientras que los Estados Unidos y Francia rechazan modificar sus cuotas de inmigración. La trampa atrapa lentamente a la población judía que vive en los territorios controlados por los nazis. Los barcos fantasma simbolizan la indiferencia del mundo hacia los judíos que se encuentran en una trágica situación.

LOS BARCOS FANTASMA

Los barcos fantasma designan los barcos que transportaban a los refugiados que intentaban huir de la Alemania nazi, sobre todo tras la Noche de los Cristales Rotos. El episodio del Saint-Louis ha pasado a la posteridad. En mayo de 1939, este barco sale de Hamburgo en dirección a Cuba, con 907 personas a bordo. Tras un largo viaje de 14 días, los judíos no reciben la autorización para desembarcar. Entonces, el capitán intenta entrar en los Estados Unidos, pero la ley estadounidense de las cuotas disipa todas las esperanzas de los pasajeros. Entonces, el barco recibe la orden de volver a Alemania.

LA DEPORTACIÓN Y LA RECLUSIÓN

El 1 de septiembre de 1939, Hitler entra en Polonia y la invade en menos de un mes. En virtud del pacto germano-soviético firmado en secreto un mes antes, el país se reparte entre Alemania y la URSS. Así, cerca de dos millones de judíos pasan a estar bajo la esfera de influencia del Reich. Sin embargo, para los nazis, los judíos de Europa del Este se encuentran en lo más bajo de la jerarquía humana, por lo que deben ser tratados sin piedad; por ello, Polonia se convierte en el laboratorio de su política racial. En el Este, la intención genocida está presente desde el inicio de la ocupación alemana. El 7 de octubre de 1939, Goebbels declara que los judíos polacos «no son seres humanos. [Son] depredadores dotados de una inteligencia fría y hay que hacer que se vuelvan inofensivos»[1] (Bensoussan *et al.* 2009, 47).

El 19 de septiembre de 1939 Heydrich, jefe de la política antijudía en Europa del Este, decide deportar a los judíos de

---

1. Cita traducida por 50Minutos.es

las regiones y los campos de habla alemana, y agruparlos en las ciudades para encerrarlos en barrios degradados y superpoblados, completamente confinados, de los que no se pueden marchar. Esta agrupación se acompaña de masacres cometidas por los *Einsatzgruppen*, los grupos de intervención móviles. Mientras tanto, los judíos son obligados a llevar la estrella de David. El proceso de concentración también afecta a los judíos de Alemania y de Austria, que son expulsados y transferidos al Gobierno general de Polonia. Pero esto es solo un primer paso hacia otro destino, ya que el proyecto nazi consistía en colocarlos en una verdadera reserva. Para que las evacuaciones sean más racionales, se agrupa a las personas cerca de las vías del tren. Se organizan recuentos de la población y la Gestapo y la Kripo están omnipresentes en los guetos. A pesar de que gozan de una vida cultural vibrante, el trabajo forzado y el hambre asolan a los judíos, que sufren escasez, anemia y raquitismo. A partir de noviembre de 1939, los alemanes establecen consejos judíos para hacer que ellos mismos lleven a cabo las tareas administrativas (censo, expoliación y deportación) que conducirán a la aniquilación de su propia comunidad.

EN DIRECCIÓN A UNA LÓGICA DE GENOCIDIO

En otoño de 1941, varios factores conducen a la situación hacia una lógica de genocidio. En junio de 1940, la victoria contra Francia reactiva el Plan Madagascar, diseñado para deportar a los judíos hacia la isla africana, que en ese momento es una colonia francesa. Sin embargo, el hecho de que la guerra contra el Reino Unido continúe compromete la misión. En diciembre de 1940, los proyectos de Hitler vuelven a modificarse con la preparación de la Operación Barbarroja, que contempla la invasión de la Unión Soviética por parte del ejército alemán. El Führer encuentra que la victoria contra los rusos facilitaría la tarea de expulsar a los judíos a Siberia o al Gran Norte. En junio de 1941, Alemania invade la Unión Soviética y las primeras victorias de la Wehrmacht (ejército alemán) incitan a Hitler a actuar sin más dilación para librarse de ellos.

El 31 de julio de 1941, Heydrich recibe la orden de preparar la solución final de la cuestión judía en Europa. Sin embargo, la resistencia del Ejército Rojo y la entrada en guerra de los Estados Unidos en diciembre de 1941 hacen que Alemania vea que la guerra será larga y cara por lo que, si los nazis desean solucionar el problema judío, necesitan organizar un exterminio inmediato y que no implique deportaciones lejanas. Hitler, que desempeña un papel fundamental en el proceso de desencadenamiento y de decisión del genocidio, menciona de forma explícita el exterminio de los judíos en siete ocasiones entre el 19 de octubre y el 18 de diciembre de 1941. El 16 de noviembre de ese año Goebbels, recordando que en 1939 Hitler había prometido aniquilar a los judíos en caso de guerra, escribe: «Estamos viviendo el cumplimiento de esta profecía» (Bensoussan *et al.* 2009, 57).

LA EJECUCIÓN DE LOS JUDÍOS

Las masacres empiezan sobre el terreno. Para eliminar a los judíos de los territorios soviéticos, se forman cuatro

Einsatzgruppen, compuestos por unos 3000 hombres, reforzados por efectivos de la Waffen-SS («ejército del escuadrón de protección») y de la Policía del Orden, así como por colaboradores locales. Heydrich ordena la masacre de los prisioneros judíos, de las mujeres y de los niños. Así, cada día se asesinan entre 2700 y 4200 personas, y a partir de agosto de 1941 se radicalizan las matanzas.

Los métodos de ejecución son variados: cuando no mueren a tiros, las víctimas son emparedadas vivas o lanzadas dentro de pozos, por barrancos o arenales. Incluso algunas veces los verdugos les exigen que caven su propia tumba antes de masacrarlas. A finales de 1941, entre 500 000 y 800 000 personas han muerto a manos de los *Einsatzgruppen*. El 29 y el 30 de septiembre de 1941 se produce la masacre más importante, en las afueras de Kiev (Ucrania): la de Babi Yar, en la que mueren 33 771 personas.

Fusilamiento en Dachau.

El Holocausto por balas, tal como se denomina hoy, es problemático para Himmler, que encuentra que el proceso es demasiado llamativo y, a pesar de la tolerancia de los soldados y de los oficiales superiores con la extrema violencia de la guerra, las ejecuciones afectan psicológicamente a algunos miembros de los *Einsatzgruppen*. Entonces,

Himmler busca otra solución que afecte menos a los ejecutores y, sobre todo, que sea más discreta: decide utilizar los furgones de gas, que ya se habían usado en 1939 en el marco de la Operación T4. Esta nueva forma de exterminar a los judíos se prueba por primera vez el 8 de diciembre de 1941 en Chełmno (Polonia). Sin embargo, esto no pone fin a los fusilamientos, que continúan a lo largo de toda la guerra.

EL GAS COMO ARMA PARA EL EXTERMINIO MASIVO

La Operación T4 es la primera operación concreta de purificación del Reich. Contempla la aniquilación de los enfermos mentales, discapacitados, enfermos encamados y asociales, que los nazis consideran que son «envoltorios humanos vacíos» (Smeke 2009, 59). De 1939 a 1941, siguiendo una lógica de preservación de la salud de la nación alemana, la Administración decide en secreto seleccionar y asesinar a enfermos en seis centros de eutanasia. Las víctimas son gaseadas con monóxido de carbono y luego se queman sus cadáveres. A pesar de la confidencialidad de la operación, las familias se hacen preguntas y corren rumores. Las iglesias alemanas protestan, y la operación se detiene oficialmente en 1941, cuando ya se han producido 70 000 víctimas. Sin embargo, el exterminio de los enfermos continúa durante la guerra —aunque de forma más discreta—, y el número de víctimas asciende alrededor de las 100 000.

LA CONFERENCIA DE WANNSEE

El 20 de enero de 1942 se reúnen bajo la presidencia de Heydrich varios ministros, secretarios de Estado y oficiales —Eichmann se encuentra entre ellos—, con el objetivo de hablar de las modalidades del exterminio y de encontrar soluciones a los problemas de la deportación.

Se toman varias decisiones:

- los judíos que trabajan en la industria armamentística no son deportados inmediatamente. Solo estarán a salvo por un tiempo, y también acabarán siendo exterminados;
- el programa de deportación y de exterminio, que en primer lugar afecta a los judíos de Alemania, de Austria y de Checoslovaquia, se amplía para englobar a todos los judíos de Europa, incluyendo los que viven en países neutros;
- los inválidos y condecorados de la Primera Guerra Mundial, los judíos más ancianos del Reich, así como los que son famosos (artistas e intelectuales), son enviados al campo de Theresienstadt, escaparate de la propaganda nazi, presentado al resto del mundo como un gueto modelo.

Así pues, la Conferencia de Wannsee racionaliza y coordina un proceso genocida que, de hecho, se pone en marcha a partir de septiembre de 1939.

LA OPERACIÓN REINHARD

La Operación Reinhard se pone en marcha a finales del año 1941 y establece el plan de exterminio sistemático de alrededor de dos millones de judíos que viven en Polonia. El primer campo donde se pone en marcha la operación es el de Chełmno, que utiliza furgones de gas entre diciembre de 1941 y septiembre de 1942 y, de nuevo, en junio y julio de 1944. El comisario de policía criminal, Christian Wirth (1885-1944), que ya ha tenido un papel importante en el asesinato de los discapacitados y de los enfermos mentales entre 1939 y 1941, recibe el encargo de construir y gestionar tres centros de exterminio: Bełżec, Sobibor y Treblinka, que se ponen en funcionamiento a finales de 1941, en marzo de 1942 y en junio-julio de 1942, respectivamente. Majdanek, antes de convertirse en un campo de concentración en febrero de 1943, sirve también como centro de exterminio a partir de finales de otoño de 1942, cuando las matanzas se detienen en Bełżec. En los tres primeros campos, los asesinatos se perpetran en cámaras de gas que funcionan con monóxido de carbono generado por motores mientras que, en Majdanek, se utiliza el Zyklon B.

Todos estos campos de exterminio se basan en el mismo modelo: son pequeños, están escondidos detrás de árboles y conectados directamente por vías de tren. Cuando llegan los convoyes, se descarga a los prisioneros sobre una rampa. Dentro del campo hay un barracón para desvestirse y un túnel por el que se accede a las cámaras de gas, aisladas del resto del establecimiento. Todos los judíos están destinados a ser gaseados. Sin embargo, algunos se salvan de esta suerte por un tiempo, durante el que integran *Sonderkommandos* («comandos especiales»), encargados de retirar los cadáveres de las habitaciones y de registrar los cuerpos para intentar encontrar objetos de valor o dientes de oro.

Cuando los deportados llegan al campo, se les hace creer que están en un campo de tránsito y que tienen que ducharse antes de continuar su viaje. Los hombres y las mujeres, separados unos de otros, se ven obligados a desnudarse. Las puertas de entrada se cierran herméticamente y los condenados son gaseados. Una vez que termina esta etapa, los *Sonderkommandos* comienzan su inspección. Los cuerpos se arrojan a fosas que acaban llenándose, por lo que se crean hornos crematorios a partir de entonces.

Las muertes de judíos en Chełmno superan las 152 000, 167 000 en Sobibor, aproximadamente 925 000 en Treblinka y 434 508 en Bełżec. Estos campos se cierran entre diciembre de 1942 y octubre de 1943 y dejan que el volumen más importante de asesinatos se concentre en Auschwitz, convertido poco a poco en el principal centro de exterminio. En total, el número de víctimas judías de la Operación Reinhard asciende a 1,7 millones.

AUSCHWITZ

Auschwitz es el mayor complejo concentracionario creado por los nazis, y sirve al mismo tiempo como campo de concentración, de exterminio y de trabajo. Está situado al oeste de Cracovia, una región anexionada en 1939 tras la invasión de Polonia. En mayo de 1940 se construye Auschwitz I, a principios de 1942 Auschwitz II-Birkenau y en octubre del mismo año Auschwitz III-Monowitz.

Auschwitz I

Erigido en mayo de 1940, Auschwitz I se construye siguiendo el modelo clásico de los campos de concentración (con una plaza para pasar revista, barracones para los detenidos, etc.) con el objetivo de encarcelar a los enemigos del régimen nazi y a los prisioneros de guerra polacos y soviéticos. Estos campos también permiten disponer de una mano de obra explotable en las empresas de construcción de las SS y en las fábricas de armamento y de producción vinculadas con la guerra. La valla de la entrada del campo contiene la inscripción «*Arbeit macht frei*» («El trabajo te hace libre»). El campo dispone de una cámara de gas y de un crematorio, utilizados por primera vez en septiembre de 1941.

Auschwitz I también es el lugar donde el médico más famoso de las SS, el capitán Josef Mengele (1911-1979), realiza experimentos médicos con bebés, gemelos y enanos, junto con sus colegas.

Auschwitz II-Birkenau

A partir de 1942, Auschwitz-Birkenau desempeña un papel primordial en la eliminación de los judíos. También es el campo que dispone del mayor número de prisioneros, y en él las víctimas son eliminadas por gaseo con Zyklon B. Entre marzo y junio de 1943, Himmler ordena que se construyan cuatro zonas de exterminio, cada una de las cuales dispondrá de un espacio para desnudarse, de una gran cámara de gas y de hornos crematorios.

Entre el año 1942 y el final del verano de 1944, se produce la llegada diaria de trenes procedentes de todos los países ocupados o aliados. Los deportados son sometidos a una selección a manos del personal de las SS, encargado de separar a los aptos para el trabajo forzado de los demás, que son gaseados de inmediato. Sus pertenencias son confiscadas y amontonadas en un almacén antes de ser enviadas a Alemania.

Entrada de Auschwitz-Birkenau.

Auschwitz-Birkenau alcanza su máximo rendimiento con la llegada de los judíos húngaros en 1944. De estos, 320 000 son enviados directamente a las cámaras de gas que, apenas se han vaciado, se vuelven a llenar con nuevas víctimas. En total, alrededor de 1,1 millones de personas son deportadas a Auschwitz-Birkenau, y 960 000 son exterminadas. Las SS continúan las operaciones de gaseo hasta noviembre de 1944, cuando Himmler ordena el desmantelamiento oficial de las cámaras de gas, que son finalmente destruidas en enero de 1945, momento en el que las tropas soviéticas se acercan.

Auschwitz III-Monowitz

Auschwitz III-Monowitz se construye en octubre de 1942 para alojar a los presos destinados a trabajar en las numerosas industrias que explotan la mano de obra esclava formada por los deportados. IG Farben, una fábrica de caucho y de combustibles sintéticos que establece un complejo industrial cerca de Auschwitz II-Monowitz, es el empleador más importante del campo. La compañía también lo administra junto con las SS. Alrededor de 25 000 personas perecen en él a causa de la dureza del trabajo.

En los campos secundarios dependientes de Auschwitz, los nazis envían a los deportados a trabajar en minas de carbón y canteras, pero también en fábricas de armamento y de materiales. Se realizan selecciones de los presos de forma regular, y los más débiles son enviados a Auschwitz II-Birkenau para que los maten.

LOS CAMPOS DE CONCENTRACIÓN

Los campos de concentración (*Konzentrationslager*) difieren de los centros de exterminio. Mientras que los segundos sirven para matar inmediatamente a los detenidos, los campos de concentración están destinados a provocar la lenta desaparición de sus prisioneros, en medio de terribles condiciones de vida.

Primero acogen a los oponentes políticos del régimen (comunistas y antinazis) y, a continuación, a las categorías de personas consideradas desviadas: los presos ordinarios, los testigos de Jehová, los asociales, los homosexuales, las prostitutas y los gitanos. Al principio, la cifra de judíos es limitada y luego aumenta a medida que se producen las persecuciones antisemitas. A partir de 1942, su presencia se intensifica de manera significativa debido a la explotación económica de estos reclusos que se incorporan al esfuerzo de guerra y que son destinados a trabajar en empresas alemanas como Siemens, BMW, Volkswagen, Bosch, etc. En los campos, se establece una jerarquía basada en criterios raciales, y los judíos ocupan la posición más baja. Los presos deben llevar distintivos de colores: rojo para los presos políticos, amarillo para los judíos, rosa para los homosexuales, etc.

Hay 12 campos en todo el Reich. En ellos, se gasea a los soviéticos, a los polacos, a los judíos y a los resistentes, pero su principal objetivo es deshumanizar a los prisioneros. Estos, además de ser afeitados y tatuados, deben obedecer órdenes sádicas. Viven en condiciones extremadamente difíciles y son sometidos a abusos y humillaciones. En la jerarquía de los prisioneros, los *Kapos* están al mando de los barracones o de los comandos de trabajo y se muestran serviles con las SS. Son violentos y no dudan en golpear a los presos con porras de goma. El trabajo forzoso, los experimentos de los doctores de las SS, las ejecuciones, los castigos, el hambre, la falta de higiene, las enfermedades y el frío causan estragos entre los detenidos, provocando la muerte de miles de ellos.

LA SOLUCIÓN FINAL EN LOS PAÍSES SOMETIDOS A ALEMANIA

Los países de Europa que están bajo el yugo nazi también aplican medidas contra los judíos.

- En Rumania y en Bulgaria, dos Estados aliados, los judíos se ven afectados por la legislación antisemita a partir de 1937 y 1940. Son sometidos a expropiaciones y obligados a llevar la estrella amarilla. Además, en Rumania, los *Einsatzgruppen* los masacran.
- En Hungría, la mayor parte de los 750 000 judíos deportados en 1944 son gaseados en Auschwitz.
- En Italia, 7700 judíos son asesinados.
- En Eslovaquia y en Croacia, se organizan deportaciones a partir de 1941.
- En Grecia —país conquistado por los alemanes— los 54 000 judíos de Salónica (actual Tesalónica) son deportados en 1943, y se extermina al 98 %.
- En Dinamarca, las autoridades rechazan las leyes antisemitas. Sin embargo, los alemanes deciden deportar a los judíos daneses en agosto de 1943, pero la población del país los ayuda a huir hacia Suecia, que es un país neutral.
- En Noruega, los judíos sufren medidas discriminatorias a partir de 1942, pero la ayuda de Suecia también permite que muchos de ellos escapen a las deportaciones.
- Bélgica, Luxemburgo y los Países Bajos adoptan medidas

contra los judíos en otoño de 1940 (definición, censo, arianización y marca). Finalmente, estos son deportados entre 1942 y 1944; 25 000 judíos belgas son asesinados.

- En Francia, en la zona ocupada del norte, el Gobierno de Vichy —formado tras el armisticio de junio de 1940— decide adoptar por sí mismo medidas contra los judíos. El 3 de octubre de 1940, se adopta un estatuto de los judíos, seguido por otro en junio de 1941, que los excluye de muchos empleos. Se abren campos en el país que tienen el objetivo de concentrarlos antes de deportarlos hacia el este. La policía francesa, que firma acuerdos de cooperación con los alemanes, lleva a cabo arrestos y se pone al servicio de la represión. Los judíos extranjeros son especialmente perseguidos, ya que el Gobierno intenta conservar en su territorio a todos los judíos franceses que sea posible. En total, 77 320 judíos de Francia son víctimas del genocidio.

LA RESISTENCIA JUDÍA

La comunidad judía suele pensar que cualquier reacción por su parte no haría más que empeorar la situación. Así pues, antes de la guerra intenta mostrar su buena voluntad y se somete a las leyes antijudías, luchando por intentar convivir con los nazis.

Durante el genocidio, los alemanes utilizan los consejos judíos para hacer que se apliquen las medidas promulgadas en su contra. Así, la comunidad judía es conducida a acelerar su propia destrucción, en aras de respetar la legalidad. Sin embargo, hay que tener en mente que los judíos ignoran por completo la suerte que les reservan los nazis. Puesto que no hay ningún precedente de una acción así, es difícil concebir una masacre perpetrada a una escala de tal magnitud.

Sin embargo, progresivamente aparecen grupos de resistencia y de rescate que a menudo están integrados en las organizaciones de resistencia nacional y que no dudan en cometer atentados contra el ejército alemán o en hostigar a sus tropas. En Francia, se organizan en el seno del maquis del ejército judío, en los grupos de combate de la Unión de los Judíos para la Resistencia y la Ayuda Mutua, así como en la de los exploradores israelíes de Francia. En Bélgica, algunos resistentes judíos intentan impedir el censo. En el propio seno de la máquina genocida, asistimos a acciones heroicas como el levantamiento del gueto de Varsovia en abril de 1943. Asimismo, también se producen intentos de insurrección en otros guetos, en Bielorrusia, en Polonia, en Lituania y en Ucrania.

Foto del levantamiento del gueto de Varsovia.

EL GUETO DE VARSOVIA

En el gueto de Varsovia, que cada día se vacía al ritmo de las deportaciones, algunos judíos deciden formar un grupo armado en julio de 1942: la Organización Judía de Combate. Esta logra detener las deportaciones en enero de 1943, instando a sus semejantes a no responder a los llamamientos a la evacuación y a oponerse al consejo. Sin embargo, en abril de ese año, 2000 hombres reciben la orden de desmantelar todo el gueto. Los judíos se levantan y provocan enfrentamientos con los alemanes, perdiendo a 13 000 de entre los suyos durante las tres semanas de combates callejeros, tras las que los nazis acaban destruyendo el gueto. Sin embargo, hasta junio de 1943 algunos focos de resistencia continúan la lucha armada en medio de las ruinas.

Finalmente, cabe mencionar la revuelta de los detenidos judíos del crematorio IV en Auschwitz, el 6 y 7 de octubre de 1944. Juntos, logran destruir el crematorio y su cámara de gas, a pesar de que las SS sofocan la insurrección. En Sobibor y en Treblinka, los Sonderkommandos judíos también se sublevan y esto provoca el freno de las masacres.

Muchos otros resistentes se implican activamente en la fabricación de documentos falsos, en la implantación de redes de evasión y en la búsqueda de familias de acogida para los niños perseguidos.

LA ACTITUD DE LOS PAÍSES ALIADOS Y NEUTROS

En octubre de 1941, los Aliados descubren las masacres cometidas por los Einsatzgruppen, ya que algunas organizaciones políticas judías como el Bund (Unión de Trabajadores Judíos) difunden información precisa sobre la política de exterminio nazi. El representante del Congreso Mundial Judío, que se celebra en Suiza el 8 de agosto de 1942, anuncia también el proyecto que tienen los nazis de matar a cuatro millones de judíos. Finalmente, el *New York Times* informa a la opinión pública estadounidense sobre la existencia de cámaras de gas y de hornos crematorios en noviembre de 1942. Así pues, el genocidio ya no es un secreto, a pesar de las precauciones que Alemania adopta para llevarlo a cabo con discreción.

Para los Aliados, la única forma de salvar a las poblaciones civiles de Europa —y, de este modo, a los judíos— es ganando la guerra. Sin embargo, los estadounidenses se muestran bastante pasivos ya que en esa época reina en su país un fuerte clima de antisemitismo. En cuanto a los británicos, no quieren escuchar hablar de una migración a Palestina, controlada por ellos, y los soviéticos simplemente se niegan a abordar la cuestión.

En cuanto a los países neutros, adoptan actitudes distintas. Por ejemplo, en agosto de 1942 Suiza decide cerrar totalmente sus fronteras a los judíos y no las volverá a abrir hasta dos años después, tras haber rechazado a 30 000 personas. En el otro extremo, Suecia se convierte en un verdadero refugio para los judíos daneses y noruegos, y una delegación sueca en Hungría establece redes para proteger a los judíos de Europa. Finalmente, el Vaticano adopta una actitud ambigua: el papa Pío XII (1876-1958) se niega a pronunciarse públicamente, bajo el pretexto de no empeorar la situación.

En general, las poblaciones de Europa se muestran bastante pasivas frente a las deportaciones, con la excepción de Dinamarca. Sin embargo, hay que destacar que algunos particulares no dudan en arriesgarse para ayudar a los perseguidos, como en el caso del pueblo refugio de Le Chambon-sur-Lignon en Francia. Los habitantes del lugar, además de dar cobijo a los judíos, les proporcionan documentación falsa, cartillas de racionamiento y les ayudan a cruzar la frontera suiza. En 1990, el Gobierno israelí reconoce a toda la región y a sus habitantes como «Justos entre las naciones».

LA EVACUACIÓN Y LA LIBERACIÓN

Ante el avance del Ejército Rojo, Himmler pide que se detengan las deportaciones en 1944 y, el 25 y el 26 de noviembre del mismo año, ordena que se destruyan las cámaras de gas, los hornos crematorios y los archivos. Los testigos directos, es decir, los miembros de los Sonderkommandos, son asesinados. Sin embargo, la locura genocida continúa e incluso aumenta. El funcionario nazi Eichmann ordena las últimas deportaciones de judíos procedentes de Budapest y de Trieste en noviembre de 1944 y en febrero de 1945.

El 17 de enero de 1945, los soviéticos llegan primero a Varsovia y luego a Łódź. En febrero, quedan 31 894 presos en Auschwitz I y II y 35 118 en Monowitz. Las SS deciden organizar nuevas deportaciones para evacuar a los supervivientes en campos situados más al oeste, como Buchenwald o Dachau. Entonces, empiezan las llamadas marchas de la muerte. Los presos deben recorrer más de 70 kilómetros en tan solo una noche, bajo un frío glacial y en condiciones físicas precarias, para luego viajar durante tres días en vagones descubiertos.

Muchos mueren por el camino, a causa del hambre, el frío o asesinados por los guardas cuando están demasiado cansados para continuar el camino. Se estima que el número de víctimas durante estas marchas oscila entre las 250 000 y 350 000, y más de la mitad son judíos. Tras esas marchas de la muerte, los supervivientes son amontonados en campos de concentración superpoblados.

Debido al azar de las operaciones militares, el 27 de enero de 1945 los soviéticos liberan Auschwitz, donde encuentran 5000 supervivientes y miles de objetos que habían pertenecido a las víctimas. A continuación, liberan los campos de los países bálticos y de Polonia. El 11 de abril de 1945, las tropas estadounidenses liberan Buchenwald y sus 20 000 presos, y después Dora-Mittelbau, Flossenbürg, Dachau y Mauthausen. Los británicos, por su parte, se ocupan de los campos del norte de Alemania, sobre todo Neuengamme y Bergen-Belsen.

Foto tomada durante la liberación de Buchenwald.

La liberación de los campos es caótica. Muchos supervivientes mueren poco después, a causa de su debilidad y de la falta de higiene. Para limitar las epidemias, varios establecimientos deben ser quemados, y el ejército británico tiene que poner en cuarentena el campo de Bergen-Belsen por temor al tifus.

REPERCUSIONES

EL BALANCE DE LAS VÍCTIMAS

Las primeras estimaciones del número de víctimas se llevan a cabo durante el proceso de Núremberg. El acta de acusación, basada en una evaluación de Eichmann de agosto de 1944, menciona el número de 5 700 000 víctimas judías, pero el tribunal finalmente acepta la cifra de seis millones. Este resultado se obtiene sumando el número de personas detenidas, fusiladas y gaseadas. A continuación, en cada país se resta el número de supervivientes al número de judíos que había antes de la guerra. Sin embargo, este último método es delicado debido a los cambios de fronteras y a las migraciones que suceden al conflicto. Los archivos alemanes que no son destruidos y los de los otros Estados europeos proporcionan indicaciones más precisas. Así, un informe de Richard Korherr (1903-1989), inspector de las SS encargado de las estadísticas hasta el 31 de marzo de 1943, concluye que entre 1937 y 1943 se produce una disminución de la población judía europea de cuatro millones y medio de personas (incluyendo la inmigración).

Es imposible proporcionar unos datos exactos, puesto que los nazis destruyeron la mayor parte de los documentos administrativos. Sin embargo, la cifra del Tribunal de Núremberg constituye una media con la que la mayoría de historiadores están de acuerdo. Con todo, este número se podría revisar al alza tras la apertura de los archivos de la antigua Unión Soviética y la actualización de fosas comunes en Ucrania. Además, desde el principio los nazis falsificaron algunas cifras, camuflando asesinatos como si se tratara de muertes naturales.

Según las investigaciones, la cifra final oscila entre los 5 y los 6 millones de víctimas, lo que representaría un tercio de la población judía mundial. El proceso fue especialmente mortífero en Europa del Este, que había sido el corazón del judaísmo en el Viejo Continente desde la Edad Media.

LA SITUACIÓN DE LOS SUPERVIVIENTES

El retorno a la vida de antes de la guerra es imposible para la mayoría de los supervivientes. Muchos de ellos son jóvenes que se han quedado huérfanos, lo han perdido todo y ya no tienen la oportunidad de pertenecer a una comunidad. Por consiguiente, el proceso de duelo se presenta lleno de dificultades, también porque no encuentran en ninguna parte la atención necesaria para expresar su dolor. Asimismo, carecen de un lugar de recogimiento, ya que los muertos se arrojaron en fosas comunes o, en el caso de que fueran quemados, se esparcieron sus cenizas en el Vístula (río polaco). Entonces, muchos eligen callar.

Durante la Liberación, se encuentran alrededor de 100 000 judíos vivos en los campos. Los Aliados se encargan de los liberados en el oeste, que pronto pueden volver a casa. Lo mismo sucede con de los judíos checos y húngaros. En el este, la situación es diferente: los supervivientes liberados por el Ejército Rojo son abandonados a su suerte. Durante los meses posteriores a la Liberación, huyen progresivamente hacia el oeste para escapar del comunismo, pero también para huir del antisemitismo todavía arraigado en la mentalidad de las poblaciones locales. Así pues, el fin de la guerra está lejos de poner fin a la violencia; de hecho, se produce un pogromo en Cracovia en agosto de 1945, y en Kielce (Polonia) el 4 de julio de 1946. Aunque los intelectuales, el Gobierno y el Partido Comunista hacen declaraciones para calmar a la comunidad judía, poco a poco se desvanece toda esperanza de poder volver a instalarse en Polonia. El pogromo provoca la emigración masiva de cientos de miles de supervivientes del Holocausto.

Este movimiento de huida empuja a los judíos de Polonia y de otros países de Europa del Este hacia los campos de desplazados administrados por la ONU en Hungría, Austria e Italia, así como en la zona de ocupación estadounidense de Alemania. Estos judíos buscan refugio fuera de Europa, con el objetivo de ir a los Estados Unidos o a Palestina. Sin embargo, puesto que las cuotas de inmigración no se modifican después de 1945, se encuentran bloqueados en campos. Algunos intentan emigrar ilegalmente, como durante el episodio del Exodus, que ha pasado a la historia. Finalmente, los supervivientes del Holocausto pueden abandonar Europa en 1948, gracias a la creación el Estado de Israel y a la eliminación de las cuotas de inmigración estadounidenses.

EL EXODUS

El Exodus era un barco estadounidense entregado a los ingleses durante la guerra y luego vendido a la Haganah, una organización militar judía clandestina de Palestina que ayudaba a los judíos a inmigrar de forma ilegal a Palestina. En julio de 1947, el Exodus parte de Francia rumbo a Palestina con 4500 pasajeros a bordo, pero durante el trayecto el barco es rodeado por los británicos. Dos pasajeros y un miembro de la tripulación son asesinados y diez otros resultan heridos. Inmediatamente, los ingleses vuelven a mandar a los pasajeros a Europa, pero las autoridades francesas rechazan hacerles desembarcar a la fuerza. Mientras los pasajeros comienzan una huelga de hambre, los ingleses deciden enviarlos a Hamburgo, a la zona de ocupación británica, y hacerles desembarcar a la fuerza para transferirlos hacia campos de desplazados situados en Alemania. En los centros de refugiados de toda Europa se producen protestas y huelgas de hambre, y la situación acaba escandalizando al mundo entero hasta el punto de que se producen manifestaciones a ambos lados del Atlántico. Finalmente, estas protestas provocan un cambio en la situación diplomática, que acaba siendo favorable para la situación de los judíos y conduciendo al reconocimiento del Estado de Israel en 1948.

EL PROCESO DE LOS CRIMINALES NAZIS

En enero de 1942 se adopta la decisión de desnazificar Alemania. Ese año, los dirigentes de los Estados Unidos, del Reino Unido y de la Unión Soviética redactan una declaración común que menciona oficialmente que han descubierto el exterminio de los judíos y que han tomado la decisión de juzgar a los criminales de guerra nazis. Así pues, al final del conflicto los Aliados se dedican a erradicar la ideología nazi arraigada en las instituciones y en la mentalidad de las poblaciones, que deben ser reeducadas para la democracia. Los Juicios de Núremberg se enmarcan en este contexto.

El 8 de agosto de 1945, el Acuerdo Cuatripartito de Londres instaura el Tribunal Militar Internacional (TMI), formado por cuatro jueces titulares que representan a los Estados Unidos, al Reino Unido, a la URSS y a Francia. Los juicios se celebran del 18 de octubre de 1945 al 1 de octubre de 1946 en Núremberg, la misma ciudad donde se habían promulgado las leyes antisemitas en 1935. El TMI tiene la misión de juzgar a 24 grandes criminales de guerra, acusados de crímenes contra la paz, crímenes de guerra y de crímenes contra la humanidad, un concepto nuevo cuya definición queda establecida por el Tribunal en el artículo 6 c del Acuerdo de Londres para el Procesamiento y el Castigo de los Grandes Criminales de Guerra del Eje Europeo, y en el Estatuto del Tribunal Militar Internacional del 8 de agosto de 1945 como el asesinato, el exterminio, la esclavitud, la deportación o la persecución llevada a cabo por motivos políticos, raciales o religiosos.

Durante los juicios, los periodistas muestran al mundo entero las atrocidades perpetradas por los nazis. El 1 de octubre de 1946, 12 de los 24 acusados, entre los que se encuentra Hermann Göring, son condenados a muerte. Sin embargo, Göring se suicida en la cárcel antes de ser ejecutado. Otros 7 son condenados a penas de cárcel y 3 son absueltos. Las organizaciones nazis son declaradas criminales y el hecho de pertenecer a ellas constituye un crimen por sí mismo. El genocidio de los judíos, aunque se evoca a lo largo de los juicios, se presenta como un crimen nazi entre tantos otros.

En Núremberg también se celebran diez otros juicios del 9 de diciembre de 1946 al 14 de abril de 1949, ante un tribunal estadounidense. El objetivo de estos procesos es juzgar a los médicos, a los Einsatzgruppen y a los empresarios alemanes. Además, en otros lugares de Europa también se celebran otros juicios relacionados con el Holocausto.

Los Aliados pretendían apartar de la vida pública a aquellos que habían participado de forma activa en el régimen nazi, y hacer que el pueblo alemán tomara consciencia del horror de su política. Los alemanes se ven confrontados a la realidad de la deportación a través de películas, de periódicos, de programas de radio y de visitas a los campos, que se vuelven obligatorias. En paralelo, en las zonas de ocupación occidentales se fomentan los valores democráticos. Sin embargo, no todos los criminales nazis son juzgados; algunos, aprovechándose del contexto de la Guerra Fría, logran escapar. Por ejemplo, Eichmann se refugia en Argentina hasta que es capturado por agentes israelíes que luego lo juzgan y lo ahorcan en 1962. Sin embargo, otros nunca son encontrados, como el médico de las SS Mengele.

El 9 de diciembre de 1948 la ONU adopta la Convención para la Prevención y la Sanción del Delito de Genocidio y, al día siguiente, ratifica por unanimidad la Declaración Universal de los Derechos Humanos. Algunos meses más tarde, las convenciones de Ginebra adoptan medidas para proteger a las poblaciones civiles en época de guerra. Sin embargo, habrá que esperar hasta 1968 para que se apruebe la Convención sobre la imprescriptibilidad de los crímenes de guerra y de los crímenes de lesa humanidad. Finalmente, en 1998 se crea el Tribunal Penal Internacional, encargado de juzgar a los criminales de guerra.

LAS REPARACIONES Y LAS INDEMNIZACIONES

En 1945, aparece la cuestión de las reparaciones.

En la zona soviética, no se aborda la cuestión de la restitución de los bienes expoliados a los judíos. Los países del centro de Europa, que en 1948 pasan a ser comunistas, nacionalizan y requisan de nuevo los bienes que los supervivientes habían podido recuperar.

En Europa occidental, la situación es distinta: se implementan políticas de restitución, como en el caso de Francia, donde la ordenanza del 21 de abril de 1945 permite que los que habían sido expoliados reclamen sus bienes ante los tribunales. De 1950 a 1954, se organiza una exposición en el Museo Nacional del Castillo de Compiègne, que presenta 2000 obras encontradas después de la guerra y que tiene el objetivo de permitir que sus propietarios recuperen sus bienes. En 1999, se crea en Francia la Comisión para la indemnización de víctimas de expoliaciones, que trata sobre las incautaciones financieras y materiales que sufrieron las víctimas de la legislación antisemita en vigor durante la ocupación. En diez años, examina 24 000 expedientes y concede cerca de 450 millones de euros en reparaciones.

Para Alemania, se toman medidas de compensación y restitución en las tres zonas occidentales de ocupación. El 10 de noviembre de 1947, se promulga la ley de restitución aplicada a las empresas y a los bienes inmuebles. La República Federal de Alemania, fundada en mayo de 1949, se encarga de continuar con estas medidas. La ley federal para la compensación aprobada el 19 de septiembre de 1953 sustituye a las disposiciones específicas de los estados federados, y define las diferentes categorías de beneficiarios y los tipos de pérdidas que pueden conllevar reparaciones. Estos incluyen la pérdida de la vida, las lesiones corporales y afectaciones de la salud, la pérdida de la libertad, la pérdida de bienes y de capitales, los impuestos discriminatorios, los perjuicios ocasionados a la carrera profesional o a la mejora de la situación económica y la pérdida de los pagos de seguros o de pensiones. La ley no tiene en cuenta las sanciones morales y emocionales ni el trabajo forzado. El total de pagos realizados a finales de 1983 se estima en 56,2 mil millones de marcos alemanes, que equivalen a 28 mil millones de euros. Diez años después de su entrada en vigor, la ley de compensación cuenta con cerca de 2 mil millones de marcos alemanes dentro del presupuesto anual de Alemania.

El 12 de septiembre de 1951, ante la afluencia de 500 000 supervivientes a su territorio, el Estado de Israel dirige una nota a los Estados Unidos, al Reino Unido, a la Unión Soviética y a Francia para obtener reparaciones de las dos repúblicas alemanas. El 21 de marzo de 1952 se inician en los Países Bajos las negociaciones entre Israel y Alemania Occidental, que concluyen con la aceptación por parte de Alemania de pagar 715 millones de dólares en un periodo de diez años, un compromiso que se respeta entre 1953 y 1966. Cabe destacar que este acuerdo permite que el país logre concertar la paz con Israel.

LA MEMORIA DEL HOLOCAUSTO

Después de la guerra y hasta los años sesenta, la cuestión del genocidio judío cae en el silencio. En la evocación de los crímenes cometidos por los nazis, el destino de los judíos no se distinguía del de los resistentes. Incluso en Israel, las víctimas no tienen derecho a la palabra, ya que representan la impotencia, la cobardía y el exilio. Sin embargo, y más que cualquier otra cosa, encarnan también la derrota del sionismo.

La situación evoluciona tras el juicio de Eichmann en 1961. Las víctimas finalmente pueden recuperar la palabra, y el mundo se conciencia de la realidad del Holocausto. Durante los años subsiguientes, esta realidad se vuelve un elemento central en la sociedad israelí, y en las escuelas se implementan programas de historia. Además, se organizan viajes a Auschwitz de forma regular para desvelar la realidad de los campos.

En los países occidentales, el cambio de tendencia se produce durante los años setenta. En Alemania, las generaciones jóvenes piden explicaciones a sus padres. En ese momento, los supervivientes empiezan a ofrecer sus testimonios, a escribir, y sus hijos toman la palabra. Asimismo, algunas producciones culturales permiten redescubrir lo que pasó. Así, el telefilme estadounidense *Holocaust*, que se emitió en 1979 y que vieron más de un tercio de los alemanes, desencadena la decisión del Gobierno alemán de alargar la prescripción de los criminales nazis. La caída del muro de Berlín y posteriormente el fin de la Unión Soviética a principios de los años noventa permiten que se abran los archivos y que empiecen las investigaciones del genocidio en el Este.

Durante los años ochenta y noventa, se celebran distintos juicios en Francia para juzgar a los responsables de las persecuciones antisemitas durante la Segunda Guerra Mundial. Sin embargo, el país no reconocerá su responsabilidad en la deportación de los judíos de su territorio durante la ocupación hasta 1995, un reconocimiento expresado por el presidente francés Jacques Chirac (nacido en 1932).

La conservación de la memoria del Holocausto también pasa por la construcción de memoriales. El 30 de octubre de 1956 se inaugura en París el Memorial del Mártir Judío Desconocido, y en 1953 se inaugura en Israel el memorial de Yad Vashem. En Europa abren las puertas varios museos para mantener vivo el recuerdo de los judíos asesinados, y los Estados ponen en marcha una política de conmemoración. La enseñanza del Holocausto a las jóvenes generaciones es fundamental para la preservación de la memoria del genocidio, en la lucha contra el racismo y en la transmisión de los valores democráticos. El antisemitismo, muy extendido en la sociedad de antes de la guerra, ahora es un delito condenable. El 23 de enero de 2007, la Asamblea General de las Naciones Unidas adopta la Resolución 61/L.53 que condena la negación del Holocausto.

LAS PARTICULARIDADES DEL HOLOCAUSTO

El genocidio de los judíos es un acontecimiento particular en la historia por varias razones.

- Aunque los gitanos, los eslavos y los discapacitados también son víctimas de los crímenes nazis, la ideología nazi percibe únicamente a la comunidad judía como una amenaza a la que hay que aniquilar cuanto antes y a cualquier precio.
- El exterminio de los judíos en todo el continente europeo —incluyendo aquellos que se encontraban en países neutrales— fue planificado, algo que no es igual para las otras poblaciones víctimas de los nazis.
- El genocidio de los judíos es único porque, para organizar un programa de exterminio sistemático, necesitó la movilización total del aparato burocrático del Estado y una organización técnica sofisticada.
- El Holocausto es único por la voluntad de los verdugos de deshumanizar a sus víctimas.
- Finalmente, se distingue también por su carácter industrial en la fase de exterminio.

Para concluir, cabe destacar la importancia del Holocausto como un acontecimiento clave en la historia europea del siglo XX. El principal objetivo de este genocidio no es adquirir territorios o riquezas específicas, sino eliminar a una población que, no obstante, no representa una verdadera amenaza. El exterminio de los judíos durante la Segunda Guerra Mundial ataca la propia noción de humanidad ya que las víctimas son excluidas de la especie humana. Cuestiona la modernidad técnica al servicio de un Estado totalitario, la locura asesina y la propia fragilidad de la condición de ciudadano. Lejos de desaparecer con el tiempo, el Holocausto sigue siendo, en palabras del historiador Henry Rousso, un «pasado que no pasa» (Centro de la UNED Alcira-Valencia

2008), y su memoria resuena como una advertencia y un aviso para toda la humanidad.

EN RESUMEN

1933
30 en.: Hitler es nombrado canciller
Mar.: **se abre el primer campo de concentración en Dachau**
7 abr.: los judíos son excluidos de la función pública

1935
15-16 sept.: **se promulgan las leyes de Núremberg**

1938
9-10 nov.: Noche de los Cristales Rotos
13 mar.: Austria es invadida, y a continuación se produce la expulsión de los judíos de los territorios conquistados

1939
30 en.: **Hitler anuncia la aniquilación de la raza judía en caso de guerra**
1 sept.: Polonia es invadida
1 dic.: **los judíos mayores de 10 años deben llevar la estrella de David**

1941
22 jun.: **la URSS es invadida**
Primavera: **comienzo de las masacres**
8 dic.: los furgones de gas son utilizados por primera vez para asesinar a los judíos

1942
20 en.: **en la Conferencia de Wannsee se decide poner en marcha la solución final**
Mar.: los campos de exterminio empiezan a utilizar el arma del gas

1944
Nov.: Himmler ordena parar los gaseos y que se desmantelen las instalaciones

1945
27 en.: **el Ejército Rojo libera Auschwitz**
Abr.: **los Aliados liberan todos los campos alemanes y austríacos**
Oct. 1945-oct. 1946: Juicios de Núremberg

- FDesde la Antigüedad tardía, el antijudaísmo es una idea muy extendida en las sociedades europeas. En el siglo XIX, algunas teorías racistas originan el antisemitismo.
- En Alemania, que atraviesa una crisis desde el final de la Primera Guerra Mundial, proliferan las teorías del complot que acusan a los judíos de ser responsables de su decadencia. La ideología völkisch, muy popular en ese momento, defiende la idea de un retorno a la tierra y de una raza aria pura opuesta a algunas razas inferiores.
- Aprovechando este contexto de crisis, se forman algunos partidos ultranacionalistas como el NSDAP, encabezado por Hitler.
- Este, desde su llegada al poder, pone en marcha una legislación antisemita expresada, entre otras leyes, por las de Núremberg.
- En 1938 se radicalizan las persecuciones, y la violencia culmina con la Noche de los Cristales Rotos, un pogromo de dimensiones colosales organizado en Alemania y en Austria.
- La invasión de la Unión Soviética marca la voluntad nazi de extenderse hacia el Este y de destruir el bolchevismo y el judaísmo, que el Tercer Reich contempla como una única entidad.
- Las primeras pruebas de asesinatos con gas se llevan a cabo a finales de 1941. A partir de marzo de 1942, se pone en marcha la Operación Reinhard, que consiste en el asesinato masivo de los judíos del Gobierno general de Polonia en centros de exterminio en Bełżec, Sobibor y Treblinka; cerca de 1,5 millones de judíos son asesinados en ellos.
- En paralelo, los campos de Auschwitz y de Majdanek

se convierten en los centros de aniquilación más importantes.

- El avance de los Aliados hace que el genocidio alcance unas dimensiones todavía mayores, a pesar de la orden de Himmler de detener los gaseos. Los prisioneros son evacuados en terribles condiciones, en las conocidas como marchas de la muerte.
- Las fuerzas aliadas liberan los campos en 1945 y descubren la realidad de las operaciones nazis.
- La primera consecuencia del Holocausto es el difícil retorno a la normalidad para los supervivientes. Muchos de ellos lo han perdido todo y se ven obligados a huir porque el antisemitismo persiste en Europa central y del Este. A la espera de poder emigrar a los Estados Unidos o a Palestina, se instalan en campos de refugiados.
- Los Juicios de Núremberg, que se celebran a partir de octubre de 1945, permiten juzgar a los criminales nazis y definir un nuevo concepto, el de crimen contra la humanidad. Durante la segunda mitad del siglo XX, se establece un derecho internacional que permite juzgar a los criminales de guerra.
- Aunque después de la guerra se oculta la voz de las víctimas, el genocidio se redescubre a partir de los años sesenta, con el juicio de Eichmann. Entonces, en Europa se establecen políticas de la memoria para preservar el recuerdo del Holocausto. Finalmente, se adoptan leyes contra el racismo, contra el antisemitismo y contra la negación de los crímenes contra la humanidad. El 23 de enero de 2007, la Asamblea General de las Naciones Unidas adopta una resolución que condena la negación del Holocausto.

¡Tu opinión nos interesa!
¡Deja un comentario en la página web de tu librería en línea,
y comparte tus favoritos en las redes sociales!

PARA IR MÁS ALLÁ

FUENTES BIBLIOGRÁFICAS

- Barnavie, Elie y Saul Friedlander. 2000. *Les Juifs et le XXᵉ siècle. Dictionnaire critique*. París: Calmann-Lévy.
- Bauer, Yehuda. 2002. *Repenser l'Holocauste*. París: Autrement.
- Bedarida, François. 1989. *La politique nazie d'extermination*. París: Albin Michel.
- Bedarida, François. 1992. *Le génocide et le nazisme. Histoire et témoignages*. París: Presses Pocket.
- Bensoussan, Georges. 1996. *Histoire de la Shoah*. París: PUF, colección *Que sais-je?*
- Bensoussan, Georges. 2005. *Historia de la Shoah*. Traducido por Juan Carlos Moreno Romo. Barcelona: Anthropos Editorial.
- Bensoussan, Georges, Jean-Marc Dreyfus, Édouard Husson y Joël Kotek. 2009. *Dictionnaire de la Shoah*. París: Larousse.
- Bensoussan, Georges. 2012. *Aktion Reinhardt. La destruction des Juifs de Pologne. 1942-1943*. París: Calmann-Lévy/ Memorial de la Shoah.
- Bensoussan, Georges y Mélanie Marie. 2014. *Atlas de la Shoah*. París: Autrement.
- Brayard, Florent. 2004. *La solution finale à la question juive. La technique, le temps et les catégories de la décision*. París: Fayard.
- Browning, Christopher R. 1994. *Des hommes ordinaires: le 101ᵉ bataillon de réserve de la police allemande et la solution finale en Pologne*. París: Les Belles Lettres.

- Browning, Christopher R. 2007. *Les origines de la solution finale. L'évolution de la politique antijuive des nazis septembre 1939-mars 1942*. París: Les Belles Lettres.
- Browning, Christopher R. 2009. *Politique nazie, travailleurs juifs, bourreaux allemands*. París: Tallandier.
- Browning, Christopher R. 2013. *À l'intérieur d'un camp de travail nazi. Récits des survivants: mémoire et histoire*. París: Fayard/Pluriel.
- Bruttmann, Tal. 2006. *Au bureau des Affaires juives. L'administration française et l'application de la législation antisémite (1940-1944)*. París: La Découverte.
- Bruttmann, Tal, Ivan Ermakoff, Nicolas Mariot y Claire Zalc. 2012. *Pour une microhistoire de la Shoah*. París: Seuil.
- Bruttmann, Tal. 2015. *Auschwitz*. París: La Découverte.
- Castro Orellana, Rodrigo. 2008. *Foucault y el cuidado de la libertad*. Santiago de Chile: Lom Ediciones.
- Centro de Alcira de la UNED. 2008. *Historia social*, n.º 60-62, 87. Alcira: Instituto de Historia Social.
- Cesarani, David. 2010. *Adolf Eichmann*. París: Tallandier.
- Courtois, Stéphane y Adam Rayski. 1987. *Qui savait quoi? L'extermination des juifs 1941-1945*. París: La Découverte.
- Burrin, Philippe. 1989. *Hitler et les Juifs. Genèse d'un génocide*. París: Seuil.
- Friedlander, Saul. 2015. *Les origines de la solution finale. De l'euthanasie à la solution finale*. París: Calmann-Lévy/ Memorial de la Shoah.
- Friedlander, Saul. 1997. *L'Allemagne nazie et les Juifs. Les années de persécution (1933-1939)*, tomo 1. París: Seuil.
- Friedlander, Saul. 2008. *L'Allemagne nazie et les Juifs. Les années d'extermination (1939-1945)*, tomo 2. París: Seuil.
- Goldhagen, Daniel Jonah. 1997. *Les bourreaux volontaires*

de Hitler. Les Allemands ordinaires et l'Holocauste. París: Seuil.

- Götz, Aly. 2014. *Les anormaux. Les meurtres par euthanasie en Allemagne (1939-1945)*. París: Flammarion.
- Grynberg, Anne. 1995. *La Shoah. L'impossible oubli*. París: Gallimard.
- Hernández Guarch, Gonzalo. 2014. *El Talmud de Viena*. Córdoba: Editorial Almuzara.
- Hilberg, Raul. 1988. *La destruction des Juifs d'Europe*, vol. 1 y 2. París: Folio, colección *Histoire*.
- Hilberg, Raul. 1994. *Exécuteurs, victimes, témoins*. París: Folio.
- Husson, Edouard. 2008. *Heydrich et la solution finale*. París: Perrin.
- Jablonka, Ivan y Annette Wieworka. 2013. *Nouvelles perspectives sur la Shoah*. París: PUF.
- Kershaw, Ian. 2013. *L'opinion allemande sous le nazisme. Bavière 1939-1945*. París: CNRS.
- Kogon, Eugen. 1993. *L'État SS. Le système des camps de concentration allemands*. París: Seuil.
- Kogon, Eugen, Hermann Langbein y Adalbert Rückerl. 2000. *Les chambres à gaz. Secret d'État*. París: Points Histoire.
- Kuwalek, Robert. 2013. *Belzec. Le premier centre de mise à mort*. París: Calmann-Lévy/Memorial de la Shoah.
- EHESS. 1985. *L'Allemagne nazie et le génocide juif*. París: Gallimard-Le Seuil.
- Le mémorial de Caen, "La Seconde Guerre mondiale. Génocides et violences de masse". Consultado el 4 de abril de 2017. http://www.memorial-caen.fr/le-musee/la-seconde-guerre-mondiale/

genocides-et-violences-de-masse
- Lower, Wendy. 2014. *Les furies de Hitler. Comment les femmes allemandes ont participé à la Shoah*. París: Tallandier.
- Martinez, Gilles. 1999. *La Shoah*. París: Mémo Seuil.
- Memorial de la Shoah. Consultado el 4 de abril de 2017. http://www.memorialdelashoah.org/index.php/fr/
- Mosse, George L. 2006. *Les racines intellectuelles du Troisième Reich. La crise de l'idéologie allemande*. París: Calmann-Lévy/Memorial de la Shoah.
- Overy, Richard. 1999. *Atlas historique du IIIe Reich*. París: Autrement.
- Poliakov, Léon. 1994. *Bréviaire de la haine*. París: Presses Pocket.
- Prazan, Michael. 2015. *Einsatzgruppen. Les commandos de la mort nazis*. París: Points Histoire.
- Smeke, Elvira. 2009. "Seminario de Holocausto". Proyecto aplicativo, Universidad Anahuac. Consultado el 4 de abril de 2017. https://www.yadvashem.org/yv/es/education/educational_materials/pdfs/propuesta3.pdf
- United States Holocaust Memorial Museum. Consultado el 4 de abril de 2017. http://www.ushmm.org
- Wahl, Alfred. 1999. *L'Allemagne de 1918 à 1945*. París: Armand Colin.
- Wette, Wolfram. 2013. *Les crimes de la Wehrmacht*. París: Perrin.
- Wieworka, Annette. 2009. *Le procès de Nuremberg*. París: Liana Levi.
- Wieworka, Annette. 2013. *Déportation et génocide. Entre la mémoire et l'oubli*. París: Fayard/Pluriel.
- Wieworka, Annette. 2015. *1945, la découverte*. París:

Seuil.

FUENTES COMPLEMENTARIAS

Testimonios

- Rousset, David. 1946. *El universo concentracionario.*
- Antelme, Robert. 1947. *La especie humana.*
- Levi, Primo. 1947. *Si esto es un hombre.*
- Rousset, David. 1947. *Los días de nuestra muerte.*
- Frank, Anne. 1950. *El diario de Ana Frank.*
- Wiesel, Elie. 1958. *La noche.*
- Hoess, Rudolf. 1959. *El Comandante de Auschwitz.*
- Semprún, Jorge. 1963. *El largo viaje.*
- Gray, Martin. 1971. *En nombre de todos los míos.*
- Kertesz, Imre. 1975. *Sin destino.*
- Buber-Neumann, Margarete. 1988. *Déportée à Ravensbrück.*
- Frank, Shlomo. 1958. *Diario del ghetto de Lodz.*
- Semprún, Jorge y Elie Wiesel. 1997. *Es imposible callarse.*
- Klemperer, Victor. 2000. *Diario.*
- Grinspan, Ida. 2002. *Yo no lloré.*
- Szpilman, Wladyslaw. 2003. *El pianista del gueto de Varsovia.*
- Czerniakow, Adam. 2003. *Carnets du ghetto de Varsovie, 6 septembre 1939-23 juillet 1942.*
- Colectivo. 2006. *Des voix sous la cendre.* Manuscrits des Sonderkommandos d'Auschwitz-Birkenau.

LITERATURA Y CÓMICS

- Taylor, Kressman. 1938. *Paradero desconocido.*
- Katzenelson, Yitskhok. 1944. *El canto del pueblo judío asesinado.*
- Celan, Paul. 1945. *Fuga de la muerte.*
- Merle, Robert. 1952. *La muerte es mi oficio.*
- Rochman, Leïb. 1961. *Et dans ton sang tu vivras. Journal des années de guerre.*
- Hochhuth, Rolf. 1963. *El vicario.*
- Rochman, Leïb. 1968. *À pas aveugles de par le monde.*
- Becker, Jurek. 1969. *Jakob el mentiroso.*
- Uhlman, Fred. 1971. *Reencuentro.*
- Joffo, Joseph. 1973. *Un saco de canicas.*
- Styron, William. 1979 *La decisión de Sophie.*
- Wiesel, Elie. 1980. *El testamento de un poeta judío asesinado.*
- Wiesel, Elie. 1983. *El quinto hijo.*
- Spiegelman, Art. 1987-1992. *Maus.*
- Buber-Neumann, Margarete. 1997. *Milena.*
- Croci, Pascal. 2000. *Auschwitz.*
- Grimbert, Philippe. 2004. *Un secreto.*
- Littell, Jonathan. 2006. *Las benévolas.*
- Mendelsohn, Daniel. 2006. *Los hundidos.*
- Appelfeld, Aharon. 2009. *Et la fureur ne s'est pas encore tue.*

PELÍCULAS Y DOCUMENTALES

- *El gran dictador.* Dirigida por Charles Chaplin, con Charles Chaplin. Estados Unidos: Charles Chaplin Film

Corporation, United Artists y Charlie Chaplin Studios, 1940.
- *El asesino está entre nosotros.* Dirigida por Wolfgang Staudte, con Hildegard Knef, Erna Sellmer y Hilde Adolphi. Alemania: Deutsche Film, 1946.
- *La última etapa (mujeres heroicas).* Dirigida por Wanda Jakubowska, con Alina Jawoska y Huguette Faget. Polonia: P.P. Film Polski, 1947.
- *La verdad no tiene fronteras.* Dirigida por Aleksander Ford, con Maria Broniewska, Jurek Zlotnicki y Wladyslaw Godik. Polonia: P.P. Film Polski, 1948.
- *Ghetto Terezin. La Longue Route.* Dirigida por Alfred Radok, con Eduard Kohout y Blanka Waleska. Checoslovaquia: 1949.
- *Noche y niebla.* Dirigido por Alain Resnais. Francia: 1955.
- *¿Vencedores o vencidos?* Dirigida por de Stanley Kramer, con Spencer Tracy, Burt Lancaster y Marlene Dietrich. Estados Unidos: Roxlom Films, 1961.
- *L'Enclos.* Dirigida por Armand Gatti, con Hans Christian Blech y Herbert Wochintz. Francia y Yougoslavia: 1961.
- *Le Temps du ghetto.* Dirigido por Frédéric Rossif. Francia: Les Films de la Pléiade, 1961.
- *El viejo y el niño.* Dirigida por Claude Berri, con Michel Simon y Alain Cohe. Francia: Valor A. Renn, 1967.
- *El jardín de los Finzi-Contini.* Dirigida por Vittorio De Sica, con Dominique Sanda, Fabio Testi y Helmut Berger. Italia: Documento Film y Central Cinema Company Film, 1970.
- *Los violines del baile.* Dirigida por Michel Drach, con Marie-Josée Nat y Jean-Louis Trintignant. Francia: Office de Radiodiffusion Télévision Française y Port Royal

Films, 1974.

- *Portero de noche*. Dirigida por Liliana Cavani, con Dirk Bogarde y Charlotte Rampling. Italia: Ital-Noleggio Cinematografico y Lotar Film Productions, 1974.
- *El otro señor Klein*. Dirigida por Joseph Losey, con Alain Delon, Jeanne Moreau y Juliet Berto. Francia: 1976.
- *Holocausto*. Serie de televisión dirigida por Marvin Chomsky, con Fritz Weaver, Meryl Streep, James Woods e Ian Holm. Estados Unidos: NBC, 1978.
- *Uno Rojo, división de choque*. Dirigida por Samuel Fuller, con Lee Marvin, Mark Hamill y Robert Carradine. Estados Unidos: Lorimar Productions y Lorac Productions, 1980.
- *El último metro*. Dirigida por François Truffaut, con Gérard Depardieu y Catherine Deneuve. Francia: Les Films du Carrosse, SEDIF, TF1 Films y SFP, 1981.
- *Testimonio de mujer*. Dirigida por Jacques Rouffio, con Romy Schneider et Michel Piccoli. Francia: Films A2, CCC-Filmkunst y Elephant Production, 1982.
- *La decisión de Sophie*. Dirigida por Alan Pakula, con Meryl Streep y Kevin Kline. Estados Unidos: Universal Pictures / ITC Entertainment, 1982.
- *Au nom de tous les miens*. Dirigida por Robert Enrico, con Michael York, Brigitte Fossey, Macha Méril y Jean Bouise. Francia, Canadá y Hungría: Les Productions Mutuelles, Ltée Producteurs Associés y TF1 Films Production, 1983.
- *Shoah*. Dirigido por Claude Lanzmann. Francia: Les Films Aleph, Historia y Ministerio de Cultura de la República francesa, 1985.
- *Adiós, muchachos*. Dirigida por Louis Malle, con Gaspard Manesse y Raphaël Fejtö. Francia: Nouvelles Éditions de

Films, MK2 Productions y Stella Films, 1987.

- *De Nuremberg à Nuremberg*. Dirigido por Frédéric Rossif. Francia: Antenne 2, 1989.
- *La caja de música*. Dirigida por Costa-Gavras, con Jessica Lange, Armin Mueller-Stahl y Frederic Forrest. Estados Unidos: Carolco Pictures, 1989.
- *La colina de los mil niños*. Dirigida por Jean-Louis Lorenzi, con Ottavia Piccolo, Patrick Raynal, Dora Doll y Benoît Magimel. Francia: 1994.
- *La lista de Schindler*. Dirigida por Steven Spielberg, con Liam Neeson, Ben Kingsley y Ralph Fiennes. Estados Unidos: Universal Pictures y Amblin Entertainment, 1994.
- *Ilusiones de un mentiroso*. Dirigida por Peter Kassovitz, con Robin Williams y Hannah Taylor-Gordon. Estados Unidos: Columbia Pictures, 1999.
- *La vida es bella*. Dirigida por Robert Benigni, con Roberto Benigni y Nicoletta Braschi. Italia: Miramax International, Mario, Vittorio Cecchi Gori y Melampo Cinematografica, 1997.
- *Alguien vivo pasa*. Dirigido por Claude Lanzmann. Francia: La Sept-Arte, Les Films Aleph y MTM Cineteve, 1997.
- *El tren de la vida*. Dirigida por Radu Mihaileanu, con Lionel Abelanski y Rufus. Bélgica, Francia, Israel, Rumania y Países Bajos: Belfilms, Canal+, CNC, Centre du Cinéma et de l'Audiovisuel de la Communauté Française de Belgique, Eurimages, Hungry Eye Lowland Pictures B.V. y Noé Produc, 1998.
- *Los últimos días*. Dirigido por James Moll. Estados Unidos: Steven Spielberg, Shoah Visual History

Foundation y October Films, 1998.

- *Sobibor, 14 de octubre 1943, 16h*. Dirigido por Claude Lanzmann. Francia: France 2 Cinéma, Les Films Aleph y Why Not Productions, 2001.
- *Amén*. Dirigida por Costa-Gavras, con Ulrich Tukur, Ulrich Mühe, Mathieu Kassovitz y Michel Duchaussoy. Francia, Alemania y Rumania: TF1 Films Production, 2002.
- *El pianista*. Dirigida por Roman Polanski, con Adrien Brody y Thomas Kretschmann. Francia, Polonia, Alemania y Reino Unido: R.P. Productions, Heritage Films, Studio Babelsberg y Runteam Ltd., 2002.
- *La Petite Prairie aux bouleaux*. Dirigida por Marceline Loridan-Ivens, con Anouk Aimée y August Diehl. Francia, Alemania y Polonia: Mascaret Films, Ciné Valse, Capi Films, P'Artisan Filmproduktion GmbH y Heritage Films, 2003.
- *Belzec*. Dirigido por Guillaume Moscovitz. Francia: 2005.
- *Sin destino*. Dirigida por Lajos Koltai, con Marcell Nagy, Daniel Craig y Aron Dimény. Reino Unido, Alemania y Hungría: ThinkFilm, 2006.
- *Mein Führer. La realmente verdadera verdad sobre Adolf Hitler*. Dirigida por Dani Levy, con Helge Schneider y Ulrich Mühe. Alemania: X-Filme Creative Pool, Arte, Bayerischer Rundfunk (BR), Westdeutscher Rundfunk (WDR) e Y Filme Directors Pool, 2007.
- *El lector*. Dirigida por Stephen Daldry, con Kate Winslet y Ralph Fiennes. Estados Unidos: The Weinstein Company, Mirage Enterprises y Neunte Babelsberg Film, 2008.
- *La redada*. Dirigida por Roselyne Bosch, con Mélanie Laurent, Jean Reno y Gad Elmaleh. Francia, Hungría y

Alemania: Légende Films y Gaumont, 2010.
* *El último de los injustos.* Dirigido por Claude
Lanzmann. Francia: Synecdoche, Le Pacte y Dor Film
Produktionsgesellschaft, 2013.
* El hijo de Saúl. Dirigida por László Nemes, con Géza
Röhrig y Levente Molnár. Hungría: Laokoon Filmgroup,
2015.

FUENTES ICONOGRÁFICAS

* Desfile de las tropas SA ante Hitler, 1935. La imagen
reproducida está libre de derechos.
* Foto de Himmler (a la derecha), tomada en 1943. La
imagen reproducida está libre de derechos.
* Foto de un SA al lado de un cartel en el que se puede
leer: «¡Alemanes! ¡Defendeos! ¡No le compréis nada
a los judíos!». La imagen reproducida está libre de
derechos.
* Fusilamiento en Dachau. La imagen reproducida está
libre de derechos.
* Entrada de Auschwitz-Birkenau. La imagen reproducida
está libre de derechos.
* Foto del levantamiento del gueto de Varsovia. La imagen
reproducida está libre de derechos.
* Foto tomada durante la liberación de Buchenwald. La
imagen reproducida está libre de derechos.
* Foto de los Juicios de Núremberg. La imagen reproducida
está libre de derechos.

MUSEOS Y EDIFICIOS CONMEMORATIVOS

- Los campos de concentración y de exterminio.
- El Imperial War Museum, en Londres, Reino Unido.
- El United States Holocaust Memorial Museum, en Washington, Estados Unidos.
- El Centro Conmemorativo del Holocausto de Montreal, en Montreal, Canadá.
- El memorial de Yad Vashem, en Jerusalén, Israel.
- El memorial de Caen, en Caen, Francia.
- El memorial de la Shoah, en París, Francia.
- El memorial de la Shoah, en Drancy, Francia.
- El monumento a los judíos asesinados en Europa, en Berlín, Alemania.
- El Museo Judío de Bélgica, en Bruselas, Bélgica.
- El Museo Judío de Amsterdam, en Amsterdam, Países Bajos.
- El Museo Judío de Berlín, en Berlín, Alemania.
- El Jewish Museum, en Praga, República Checa.
- El Museo de la Historia de los Judíos Polacos, en Varsovia, Polonia.
- El Jewish Museum and Tolerance Center, en Moscú, Rusia.
- La casa de Ana Frank, en Amsterdam, Países Bajos.